やさしい、おいしい

はじめよう乳和食

小山浩子 著

はじめよう乳和食

もくじ

第一部　乳和食のすすめ

第二部　乳和食のきほん

第三部　乳和食のある食卓

本書での決まりごと

＊小さじ1は5㎖、大さじ1は15㎖です。
＊牛乳は成分無調整のものを使ってください。
＊めんつゆは3倍濃縮のものを使ってください。
＊卵は基本的にLサイズです。
＊こしょうは塩分を含まない白こしょうがおすすめ。
＊ごはんは基本的にホエイごはんです。つくり方はP38で紹介しています。
＊落とし蓋に使用するクッキングシートは正方形に切ってください。
＊鍋、フライパンはセラミックのものがおすすめ。
乳成分の焦げつきも少なく、洗うのも楽です。

第一部

乳和食のすすめ

調味料を減らしても、変わらず「おいしい」。体にも心にも「やさしい」。味付けも調理工程も「簡単」。進化した和食「新（New）和食」。おいしい・やさしい・簡単・新（New）、これが「乳和食」のキーコンセプトです。

牛乳に夢中になり、牛乳に秘められた可能性を伝えたくて、たどり着いた「乳和食」。日本人の基本の食事である和食と牛乳を結び合わせた、進化した和食です。好きなことをとことん追求し、みんなの笑顔が見たい一心でここまできました。日々の生活も食も、私たちはだれかの思いとやさしさに支えられています。

一　乳和食とは、新しいスタイルの和食です

「乳和食」とは、簡単にいうと、牛乳を和食の出汁（だし）や調味料、また水のかわりに使う、新しいスタイルの和食です。牛乳を使いますが、見た目や味は、牛乳を入れていない通常の和食とそれほど違いはありません。

わざわざ牛乳を使うのには、もちろん理由があります。

牛乳は「栄養素の宝庫」。現代人が抱えるさまざまな健康問題を解決する力をたくさん備えています。けれど、普段の食事になかなかとりいれにくい、という側面があります。

私は牛乳を活用する料理研究家として、長く牛乳とつきあってきました。

どうすればみなさんに牛乳をもっととってもらえるだろう。どんな料理なら牛乳をおいしく食べてもらえるだろう。ずっと頭を悩ませ、試行錯誤を繰り返し、たどり着いたのがこの「乳和食」です。

牛乳のいいところを引き出しながら、和食としてのおいしさを実現した料理です。

二　和食のかたち

和食は、出汁がすべてです。まず出汁があり、そこから食材本来の味を引き出し、調味料などを足していきます。

乳和食では、和食の大事な出汁のかわりに、牛乳や牛乳からつくる出汁を使います。これが大きな特徴です。牛乳には、旨みや甘みはもちろん、わずかな塩味や苦み、酸味があります。これが、牛乳が出汁のかわりになれる理由です。

少し前までは、各家庭で、当たり前のように時間をかけて出汁をとり、一汁三菜のような基本の和食をつくってきました。家族に健康的でおいしいものを食べてもらいたい、そんな手間を惜しまない愛がありました。

しかし、時代の流れとともに、「おふくろの味」よりも「コンビニエンス（手軽で便利）な味」が主流に。そんな今だからこそ食を見直して、乳和食をとりいれてほしいのです。

簡単でおいしい、そして健康にもいい乳和食は、現代人の健康を支えるうえでも、時代にあった和食です。

三　和食に牛乳を使うわけ

和食は健康的で、体にいいというイメージがありますよね。

季節の野菜や海の幸を中心にした和食は、ユネスコの無形文化遺産に登録されるほどの魅力がたくさんつまった料理です。

でも、そんな和食にも欠点があります。ほぼ唯一といえる欠点、それが「塩分」です。

たとえば、一般的な魚定食（ここでは鯖の味噌煮、味噌汁、ごはん、お浸しと仮定）だけで、理想とされる1日の塩分摂取量を超えてしまいます。

ところが、乳和食では、同じメニューで塩分量を約半分に抑えられるのです。ただ、牛乳を出汁がわりに使ったり、お湯で煮炊きするような感覚で牛乳を使ったりするだけで、です。

牛乳の持つ旨みのおかげで、塩分の多い調味料を減らしても変わらずおいしく仕上がるのです。

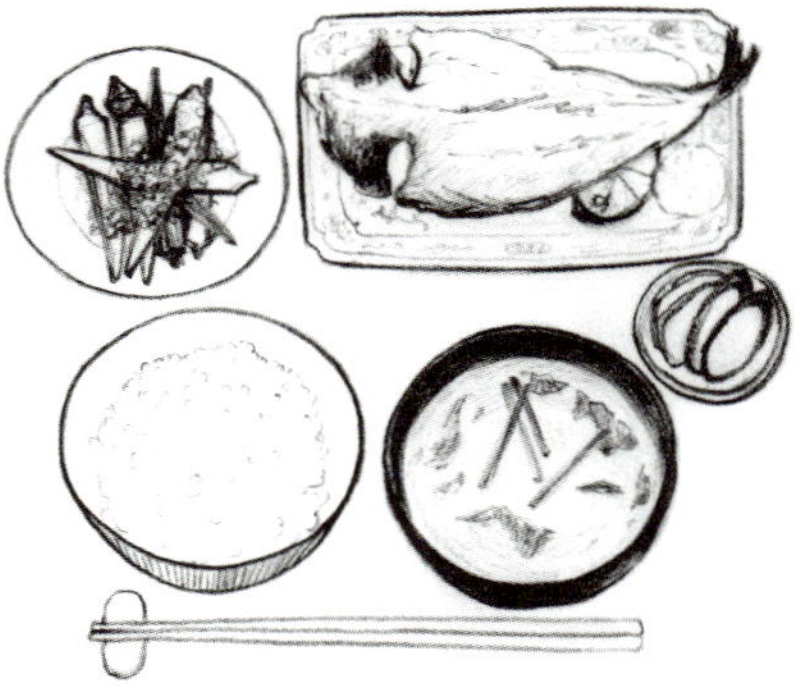

和食のマイナス面をカバーする

国が定めている1日の塩分摂取量は、成人で約6g以下です。カルシウムは成人で650〜800mg必要といわれています。

しかし、バランスがいいとされている和食でさえ、塩分量は平均で基準の3g以上多く、カルシウムは100〜200mg不足しています。さらに日本人は4300万人もの人が高血圧といわれています。これはじつに国民の3人に1人に当たり、深刻な問題です。

乳和食は、こうした「塩分過多」「カルシウム不足」「高血圧」をすばらしく改善する力があります。

入れるだけで
簡単に栄養が整う

牛乳は、子どもから高齢者まで、人が生きていくうえで大切な栄養素をほぼすべて含んでいます。まさに牛乳は「栄養素の総合デパート」といえる食品です。なかでも特出するのはたんぱく質、カルシウム、さらに最近、認知症予防にもよいといわれているビタミンB群です。

また、肉や魚などに比べると、手頃な値段で簡単に栄養が整う牛乳は、「コスパ最強食品」といえます。

そんな優秀な栄養食品を簡単にとりいれられるのも乳和食の魅力です。

四 乳和食は単なる牛乳料理ではありません

加熱しすぎて牛乳が分離してしまい、料理が失敗した経験はありませんか？　じつは逆の発想で、乳和食はその分離を利用した料理なのです。

分離後は、牛乳の白さやにおいは、ほとんどなくなります。この現象は酢をはじめとする調味料や、肉や魚など素材の影響をうけて起こります。

そして分離することによって、三つの特徴がうまれます。

特徴一　白くならない

牛乳だけで沸騰させても膜ははりますが、分離は起こりません。

何度も試行錯誤を繰り返す中で、加熱のとき調味料や素材に影響をうけて、たんぱく質が凝固することがわかりました。乳和食は牛乳の化学変化をうまく利用した新しい調理法といえます。

特徴二

においや味が残らない

分離後は、においと味がほとんど残りません。たんぱく質が凝固するときに、においの成分を抱き込んでくれるようです。

特徴三

おいしく仕上がる

水に比べて圧倒的に多い牛乳のアミノ酸とミネラルが、減塩しても普段の和食と変わらない味をつくり、おいしく仕上げてくれます。

五 暮らしの中に乳和食を

忙しい現代では、コンビニ弁当や即席麺などで食事を済ませる人もめずらしくありません。老若男女を問わず、単身者が増えている中で、料理の手間を省こうとするのは自然な選択なのかもしれません。

でも、多くの人はヘルシーでおいしい和食を家庭で食べたいと願っていたり、外食ばかりでもつい和食メニューを選んだり、味噌汁をのむとホッとしたり……、と心のどこかで和食を求めているのではないかと思います。

家族や自分自身の食生活、健康を見直すため。

生活習慣病の予防や病気の改善、健康維持のため。

日本人の心を再確認するため。

自分のため、誰か大切な人のため。

いろんなかたちがあると思います。

おおげさにいうと、食事は、その人の生きる姿勢につながっていると思います。食事を見直す、栄養を意識する、そのひとつの手段として、ぜひ乳和食を食卓にとりいれてみてください。

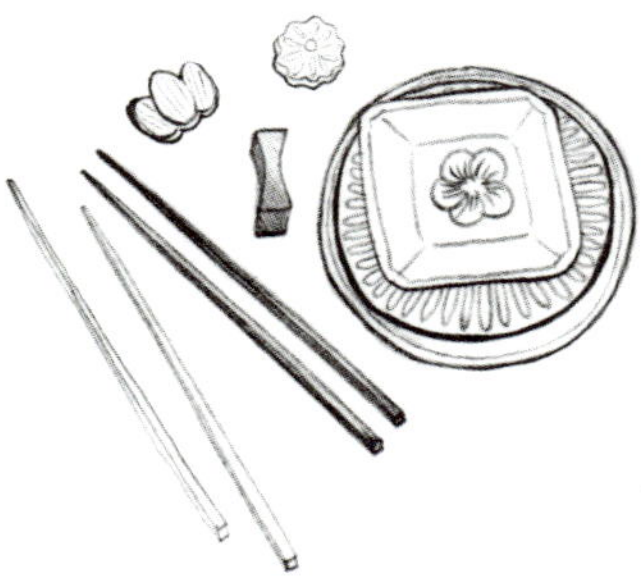

第二部

乳和食のきほん

乳和食は、和食のつくり方を知っていれば、とても簡単にとりいれることができます。

あとは思い切って、いつもの調味料を減らし、そのぶん牛乳を加えるだけ。もちろん分離させるということも、おいしく仕上げるために欠かせない工程です。


日々の食事を乳和食にかえるということは、たいした変化ではないかもしれません。

でも、1年後、2年後、10年後の自分や家族の〝健康〟にとって、かけがえのないギフトになるはずです。まさに「継続は力なり」。かならず体は応えてくれます。

一 乳和食を支えるメインの材料と活用法

一、牛乳

牛乳には「成分調整牛乳」「低脂肪牛乳」「加工乳」など、さまざまな種類があります。乳和食では搾りたてにいちばん近い、「成分無調整」の牛乳を使いましょう。

牛乳にも旬があり、季節や産地、もちろん牛の種類によっても味が違います。和食と同様、牛乳でも日本の四季や微妙な味の違いを感じてみてください。

二、ホエイ（乳清）

牛乳を酢で分離させるとホエイ（乳清）とカッテージチーズができます。ホエイはほんのり甘く、ほのかな酸味と旨みがあります。水がわりに調理に使えば、調味料を減らしても和食がおいしく仕上がります。カッテージチーズも豆腐感覚で料理に使いましょう。

三、調味料

味噌やしょうゆ、ポン酢しょうゆなどの日本の家庭にある調味料は、牛乳ともホエイとも相性ばつぐん。それぞれのおいしさを引き立て合うので、結果、減塩にもつながります。

二 乳和食の調理のきほん

乳和食の誕生のきっかけは「かぼちゃのそぼろ煮」でした。

牛乳を使ったレシピを開発していた当時、うっかり火を強くしすぎて牛乳が分離してしまいました。「大変！」と思ったのですが、食べてみたら、これがとってもおいしかったんです。強火で牛乳が分離したせいで、牛乳臭さが消え、おいしい「かぼちゃのそぼろ煮」ができあがりました。

それまでは、牛乳を分離させないように火加減に注意してレシピを開発していましたが、牛乳特有のにおいが残り、「おいしい」とは言ってもらえず悩んでいました。たまたま火加減を失敗したおかげで、「乳和食」が誕生したのです。

乳和食の調理には、ベースとなる三つの特徴があります。むずかしいことはなにもありませんが、おいしく乳和食をつくるためにはとても大切なことなので、しっかり理解してください。

一、水・出汁のかわりに

乳和食では、牛乳やホエイを水・出汁のかわりに使います。そもそも和食は、煮物、汁物など水をたくさん使う料理です。その水を一部、料理によってはすべて牛乳にかえます。これが乳和食の最大の特徴です。ホエイでつくった出汁を使うのも同じ考え方です。

二、調味料と合わせて

料理によっては水や出汁のかわりではなく、調味料と割ったり溶いたりして減塩し、味を調えるという役割もあります。調味料を減らしたぶん、牛乳で補うのが乳和食の調味料です。次のページでは、牛乳と相性のいい調味料を紹介しています。

味噌
【Miso】

はじめから1：1で牛乳と合わせておくことがポイントになるミルク味噌。味噌を減らすのに、コクのある減塩味噌汁に。肉や魚の漬けだれとしても使えます。

しょうゆ
【Soy sauce】

しょうゆに牛乳の脂肪分とコクが加わり、まろやかな味わいに。かけじょうゆは牛乳と合わせれば、しょうゆが減り、減塩になります。

めんつゆ
【Men tsuyu】

牛乳とめんつゆを合わせれば、さまざまな煮物に使える減塩万能煮汁に。どんな素材とも相性はバツグンで幅広く使えます。

みりん
【Mirin】

牛乳とみりんを合わせて、出汁巻き用の出汁がわりに。牛乳はほんのわずかですが塩味を含むので、味が調います。

ポン酢しょうゆ
【Ponzu soy sauce】

鶏もも肉のような脂分がある肉や魚を煮る際は「ポン酢しょうゆ＋牛乳」で味付け。素材の旨みを残しつつ、さっぱりといただけます。

トマトケチャップ
【Tomato ketchup】

トマトは旨み成分である「グルタミン酸」「アスパラギン酸」の宝庫。牛乳と合わせれば、しょうゆいらずで茶碗蒸しの出汁がわりにもなります。

塩麹
【Shio koji】

塩麹と牛乳は、どちらも旨みと甘みを含むので、相乗効果でさらに素材のおいしさを引き出してくれます。魚だけではなく、肉の漬け込みにもおすすめ。

米酢
【Rice vinegar】

ごはんを炊く際に牛乳と酢を加えると、出汁を加えたような旨みが出ます。炊き込みごはんの調味料が、通常の半分以下の量でもおいしく仕上がります。

顆粒だしの素（和風）
【Dashinomoto】

乾物やおからを煮る際は顆粒だしの素に牛乳を合わせましょう。顆粒だしの素だけで煮るより、しっとり感とコク、旨みが格段にアップします。

オイスターソース
【Oyster sauce】

中華風の味付けのおかずには、「オイスターソース＋牛乳」で減塩を。餃子や肉団子にも使えます。

甜麺醤（テンメンジャン）
【Tianmianjiang】

牛乳と甜麺醤を合わせると味噌だれが完成。さんまなど青魚との相性がバツグンです。また、煮詰めてふろふき大根や田楽のつけ味噌にするのもおすすめ。

マヨネーズ
【Mayonnaise】

魚や肉のすり身は通常は卵白を混ぜますが、かわりにマヨネーズと牛乳を使用。このふたつで調味料の役割、生地をしっとりさせる役割も期待できます。

三、分離させて（ホエイを使う）

とても不思議な現象なのですが、温めた牛乳に酢を加えると、化学変化が起きて、ホエイ（乳清）とカッテージチーズに分離します。牛乳中の水分であるホエイには、旨み成分であるグルタミン酸が含まれています。水や出汁のかわりにも活用でき、塩分が少量でも満足できる味に仕上がります。

一

二

三

■穀物酢を使うと独特の酢酸のにおいが強く出るので、米酢を使用します。
■ホエイは冷蔵庫で1週間・冷凍で1ヶ月保存可能です。
■製氷皿に入れて冷凍保存すれば、必要な量だけ使えて便利です。
■カッテージチーズは2日まで。

材料

牛乳——500㎖
米酢——大さじ2 1/2

出来上がり量

ホエイ——400㎖
カッテージチーズ——100g

つくり方

一、鍋に牛乳を入れて火にかけ、80〜90度（鍋肌にプツプツと泡が出て湯気が出てくるのが目安）になるまで温め、火を弱火にして米酢を全体に回し入れる。

二、木ベラで静かにかき混ぜ、火を止める。すぐに牛乳が分離して、濁りのないきれいなホエイが出てくる。

三、人肌になるまで冷ましたら、ザルに厚手のクッキングペーパーを敷いてボウルの上に置き、二を流し込む。しっかり漉して、ホエイとカッテージチーズを取り出す。

三　乳和食の不思議

牛乳が和食と相性がいいなんて、意外ですよね。

小学生のころ、給食には牛乳が出されました。パンならまだしも、白米と牛乳の組み合わせにうんざりした経験のある方も多いでしょう。

たしかに、和食と牛乳を食卓に並べて個々で食べると、あまり相性はよくありません。ところが、料理に牛乳を加えると、不思議とうまくバランスのとれた和食になるんです。しかも味だけではなく栄養素がぐんとアップして、和食の欠点である塩分を減らすことができ、完璧な一品が完成します。

乳和食の大きな秘密のひとつは「牛乳の分離」です。分離があるからおいしくなる、分離があるから牛乳を入れても、通常の和食と味や色に差のない料理に仕上がるのです。

そもそも牛乳は分離させてはいけないと思い込んでいたのに、分離させることがおいしい和食につながるなんて思ってもみませんでした。その思い込みが消えたとき、偶然にも求めていた味に出合えたんです。

四　おいしくつくるポイント

乳和食をおいしくつくるポイントは三つあります。

この三つさえ守って、分量どおりにつくれば、簡単においしく仕上がります。

一、材料をすべて入れてから加熱する

二、強火で一気に煮汁の温度を上げる

三、短時間で温度を上げ、煮汁を対流させるために、クッキングシートで落とし蓋をする

▪クッキングシートは、正方形に切り、表面に貼り付けるようにしてください。

▪焦げつかないよう、煮汁が分離するまでは、鍋底をときどき混ぜてください。

鯖の味噌煮のレシピを参考にポイントを確認しましょう。

鯖の味噌煮

［通常食：塩分2・5g
乳和食：塩分1・4g

材料（2人分）

鯖――2切れ
酒――大さじ2
A［味噌――大さじ1
砂糖――大さじ1
赤唐辛子――1本
牛乳――100㎖

つくり方

一、鍋に鯖を入れ、全体に酒をかけ、合わせておいたAを加える。最後に牛乳を加えて、クッキングシートで落とし蓋をする。

二、鍋を強火にかけ沸々としてきたら、中火にして10分煮て火を止める。そのまま余熱で火を通す。

・赤唐辛子は種をのぞいて。
・煮汁はとろみをつけてかけても◎。

五　乳和食のきほんの出汁

乳和食では、牛乳やホエイをそのまま水や出汁のかわりに調理に使います。

また、ホエイに調味料を加え、ベース出汁として使います。

めんつゆベースの「ホエイ濃い出汁」、ポン酢しょうゆベースの「ホエイあっさり出汁」は、ホエイに市販の調味料を加えただけの簡単なもの。

米酢と砂糖を合わせた「ホエイ甘酢出汁」は、ホエイの酸味と塩味を雑妙にいかし、さっぱりしたおいしい酢の物に最適。

ホエイが味の下支えをしてくれるので、塩を加えないことも特徴のひとつです。

一、牛乳・ホエイ

牛乳

成分無調整のもの

ホエイ

つくり方は27ページを参照

二、ホエイ合わせ出汁（二種）

ホエイ濃い出汁

材料（つくりやすい分量）

ホエイ——100㎖

めんつゆ（3倍濃縮）——大さじ1

つくり方

一、材料をすべて合わせる。

▪冷蔵庫で7日間、保存可能。

ホエイあっさり出汁

材料（つくりやすい分量）

ホエイ——100㎖

ポン酢しょうゆ——大さじ2

つくり方

一、材料をすべて合わせる。

▪冷蔵庫で7日間、保存可能。

三、ホエイ甘酢出汁

材料（つくりやすい分量）
ホエイ――――100㎖
米酢――――大さじ4
砂糖――――大さじ1 1/3

つくり方
一、材料をすべて合わせる。

■冷蔵庫で7日間、保存可能。

六　乳和食のはじめ方

塩分を減らし、不足しがちな栄養を補える。牛乳はまるで栄養ドリンクのよう。ぜひ、乳和食で牛乳をどんどん使っていきましょう！

牛乳で魚を煮る？　納豆に牛乳？　ホエイでごはんを炊く？

不安になるかもしれません。

でも、絶対に「おいしい」。

これは、乳和食を試食した人や自分でつくったことのある人たちの声です。

減塩しても牛乳のコクと旨みがカバーしてくれるため、おいしさを損ないません。これが一般的な減塩食との大きな違いです。牛乳は和食にとって最高のパートナーなのです。

まずは和食の基本、ごはんを炊いて味噌汁をつくり、魚を焼いてみてください。
出汁巻き卵と納豆を追加すれば、本日の献立の完成です！

さぁ、乳和食生活のスタートです。

一、ごはんを炊く

ごはん

材料（2人分）

米――1合

ホエイ――75㎖（冷ましたもの）

水――炊飯器の1合の目盛りまで

つり方

一、米は洗って30分浸水させる。

二、炊飯器に水分を切った米とホエイ、水を加えてひと混ぜして炊く。

■鍋で炊く場合は、米1合に対して、ホエイ100㎖、水100㎖を加えます。

■3合以上を一度に炊く場合は、弱火での加熱時間は10分ほどです。

■本書のレシピのごはんは、すべてこのつくり方を参照してください。

［通常食：カルシウム4g

乳和食：カルシウム34g

二、味噌汁をつくる

味噌汁

材料（２人分）

かつお出汁――――３００㎖
季節の野菜など――――適量
味噌――――大さじ１
牛乳――――大さじ１

つくり方

一、味噌と牛乳を合わせておく。
二、出汁で具材が柔らかくなるまで煮て、火を止めたら一を溶く。

・味噌は生タイプがおすすめです。
・具材は木綿豆腐１００g、なめこ１袋（１００g）、ねぎ１／３本（40g）使用。

通常食：塩分２・４g
乳和食：塩分１・３g

三、魚を焼く

鮭の塩麹焼き

材料（1人分）

生鮭――1切れ
牛乳――小さじ1
塩麹――小さじ1

つくり方

一、鮭は表面の水分をふきとる。
二、チャック付き保存袋に牛乳と塩麹を合わせ、鮭を一晩漬け込む。
三、フライパンまたは魚焼きグリルで焦げ目が付くまで焼く。

- 魚はブリでもおいしくできます。
- 塩麹を味噌にかえた、ミルク味噌漬けもおすすめ。

通常食：塩分1・8g
乳和食：塩分0・7g

四、卵を焼く

出汁巻き卵

材料（2人分）

卵――2個
牛乳――50㎖
めんつゆ（3倍濃縮）――小さじ1
サラダ油――少量

つくり方

一、ボウルに卵を溶き、牛乳とめんつゆを加えて混ぜる。
二、フライパンにサラダ油を熱し、一を3～4回に分けて流し入れ、巻きながら焼く。

通常食：塩分0・8g
乳和食：塩分0・5g

五、納豆に混ぜる

ミルク納豆

材料（1人分）

納豆——1パック
牛乳——小さじ2
添付のたれ——1／2袋

つくり方

一、納豆を練り、牛乳を加えてふんわりするまでよく混ぜる。
二、一にたれを加えて混ぜる。

■お好みで、ねぎや青じそなどの薬味を加えてください。

［通常食：塩分0・6g
乳和食：塩分0・3g］

第三部

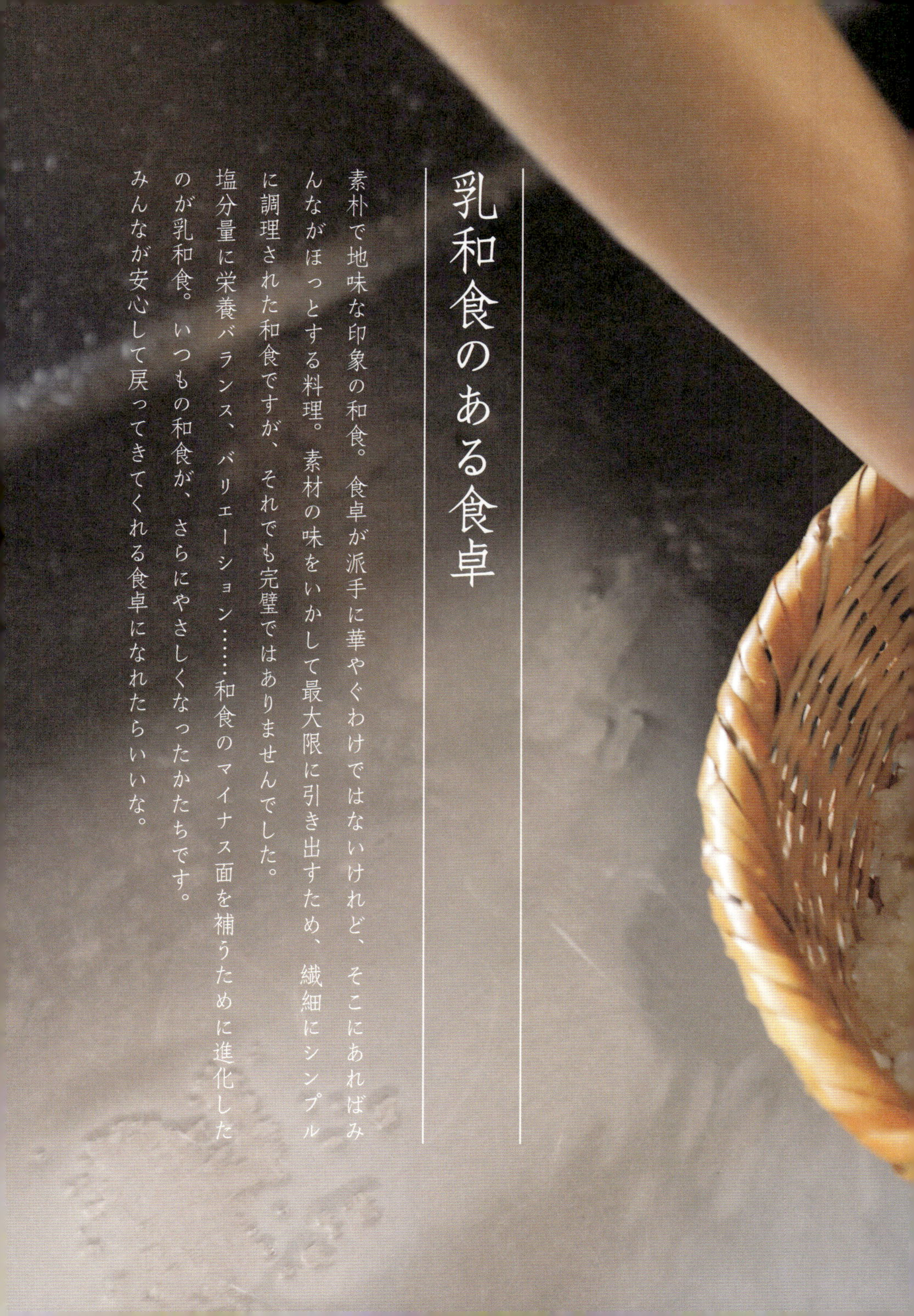

乳和食のある食卓

素朴で地味な印象の和食。食卓が派手に華やぐわけではないけれど、そこにあればみんながほっとする料理。素材の味をいかして最大限に引き出すため、繊細にシンプルに調理された和食ですが、それでも完璧ではありませんでした。

塩分量に栄養バランス、バリエーション……和食のマイナス面を補うために進化したのが乳和食。いつもの和食が、さらにやさしくなったかたちです。

みんなが安心して戻ってきてくれる食卓になれたらいいな。

【主食】

食事を丁寧に準備するということは、
心身や生活も整っている証しだと思います。
手間のかかるおせち料理がある和食。
引き継がれる文化や伝統、技法などを考えると、
家庭料理の最高傑作ともいえるでしょう。
昔から日本人は食事を整えるという心を
大切にしてきたんですね。
伝統料理でなくても、米をホエイで炊くだけで
立派な乳和食。なにより、おいしく炊き上がった
ごはんは最高のごちそうです。
さっと一品ですませたい日にも特別な日にも、
お腹と心を満たしてくれる主食は、
いつでも私たちを魅了してくれます。

豆ごはん

材料（2人分）

米——1合
ホエイ——100㎖
水——100㎖
グリンピース——100g

つくり方

一、米を洗って30分浸水させたらザルにあげ、水分を切って鍋に入れる。
二、ホエイと水を加え、表面にグリンピースをのせて蓋をする。
三、強火にかけ、沸騰し、蓋のまわりから湯気が出てきたら弱火にして7分ほど加熱し、火を止め5分蒸らす。

- 冷凍のグリンピースを使用する場合は、蒸らした後に加えてください。
- 鍋蓋に重石をするとふっくら炊き上がります。
- 具材は、とうもろこしや桜エビもおすすめ。

親子丼

材料（2人分）

A
- 牛乳——50㎖
- めんつゆ（3倍濃縮）——小さじ2

長ねぎ——1／2本
鶏もも肉——150g
卵——2個
ごはん——300g（軽く盛った茶碗2杯分）

つくり方

一、長ねぎは青い部分も含めて斜めに切る。鶏肉は2cm角に切る。
二、小鍋にAを合わせ沸々としてきたら一を加え、クッキングシートで落とし蓋をして、蓋をして中火よりやや弱火で長ねぎが透き通るまで煮る。
三、溶いた卵を流して蓋をする。半熟状になったら火を止める。
四、器にごはんを盛り、三をかける。

▪カッテージチーズのストックがあるときは、卵に混ぜても◎。
▪鶏肉を牛こま切れ肉にかえれば、牛丼に。

タコ飯

材料（2人分）

米——1合

ホエイ濃い出汁——70㎖

ホエイ——30㎖

水——炊飯器の1合の目盛りまで

タコ（ボイル）——100g

つくり方

一、米を洗って30分浸水しておく。

二、タコは薄くスライスする。

三、米とホエイ濃い出汁、ホエイを炊飯器に入れ、水を目盛りまで注いで、ひと混ぜする。タコを表面にのせて炊く。

▪仕上げに青のりをかけたり、生姜の千切りを混ぜてもおいしいです。

さつま芋の黒ごまおこわ

材料（2人分）

もち米――1合
ホエイ――100㎖
水――20㎖
塩――小さじ1/10
さつま芋――1本（150g）
黒ごま――小さじ2

つくり方

一、もち米を洗って1時間以上浸水しておく。
二、さつま芋は皮つきで2cmの半月、またはいちょう切りにし、水につけてアク抜きをする。
三、米とホエイ、水、塩を加えて混ぜ、さつま芋を表面にのせる。クッキングシートで落とし蓋をして、蓋をする。
四、強火にかけ沸騰したら弱火にして7分加熱し、火を止め10分蒸らす。
五、器に盛って、黒ごまをかける。

- 蓋に重石をするとふっくら炊き上がります。
- 具材を栗や銀杏、きのこにかえてもおいしいです。
- ささげの水煮を加えれば赤飯になります。

焼きタラコのちらし寿司

材料（2人分）

米———1合
ホエイ———炊飯器の1合の目盛りまで
すし酢———大さじ2
白ごま———大さじ1
タラコ（低塩）———2腹（100g）
きゅうり———1/2本
青じそ———5枚

つくり方

一、米は洗米後1時間以上浸水しておく。炊飯器に米とホエイを入れ、ひと混ぜして炊く。
二、タラコはグリルで焼き、半分に切る。
三、きゅうりは輪切り、しそは千切りにする。
四、炊き上がったごはんにすし酢と白ごまを混ぜる。
五、四を器に盛り、青じそときゅうり、タラコを飾る。

- 米をホエイで炊く際、あれば出汁昆布を3cmのせてください。
- 米を炊く際にタラコをのせて炊けば時短に。ホエイの効果で臭みは移りません。
- トッピングにカッテージチーズ50gを混ぜてもOK。

冷や汁

材料（2人分）

ごはん――300g（軽く盛った茶碗2杯分）
鶏ささみ――大1本
酒――大さじ1

A
- 牛乳――200ml
- 和風だしの素（顆粒）――小さじ1
- 味噌――大さじ1
- 白すりごま――大さじ2

みょうが――2本
生姜――1片
トマト――1個
きゅうり――1/2本

つくり方

一、鶏ささみは筋をとり、観音開きにする。酒をかけ、電子レンジ（500W）で1分加熱してそのまま余熱で中まで火を通し、冷ましておく。
二、みょうが、生姜は千切り、トマトは1cm角、きゅうりは輪切りにする。
三、一の身を手で細かくほぐして、合わせておいたAに一の蒸し汁を加える。
四、器にごはんを盛り、鶏肉と野菜をトッピングして、Aをかけ、混ぜながらいただく。

おかゆ

材料（2人分）

米――100g（2／3合）
水――3カップ
A［ホエイ――200㎖
　 干ししいたけ――2枚
鶏もも肉――1／2枚（125g）
オイスターソース――小さじ2
塩――少量

つくり方

一、米を洗って30分浸水しておく。
二、干ししいたけの表面を水でさっと洗い、Aのホエイに手で割り入れて戻す。
三、鍋に米と水、二、鶏肉を入れて中火にかける。煮立ったら中火よりやや弱火で30分煮る（※途中、水分が少なくなったらホエイを足す）。
四、米が柔らかくなったら火を止め、オイスターソースと塩で味を調え、器に盛る。

そば・そうめん

材料（２人分）

そば（そうめん）——２００g

A
- 牛乳——２００㎖
- めんつゆ（３倍濃縮）——大さじ１

お好みの薬味——適量

つくり方

一、Aを合わせて、つけつゆをつくる。
二、表示どおりにゆでた麺を盛りつけ、薬味を添える。
三、一に薬味を入れ、麺をからめながらいただく。

▪薬味は、ごま、生姜、わさび、青じそ、みょうががおすすめ。
▪すったとろろにAを合わせれば、ミルクとろろ汁に。
▪めんつゆは大さじ１を目安にお好みで。

【主菜】

和食の定義とはなんでしょう。
私は一般的に日本人が家庭料理として
食べてきたものは和食だと考えています。
しょうゆや味噌、塩麹や米酢などの調味料や
調理・手法など「和のエッセンス」で手がけたもの。
焼き物や煮物だけでなく、からあげやとんかつも、
和のエッセンスを加えれば立派な和食だと思います。
自然の恵みに感謝し、食材を丁寧に調理する、
お膳を整える、彩りを大切に盛りつけるなど、
和食には食に対する日本人の精神も含まれます。
みなさんに毎日つくってもらえるような、
定番の主菜で乳和食のレシピを考えました。

銀だらのポン酢煮

材料（2人分）

銀だら――2切れ
白こしょう――適量
ホエイあっさり出汁――65㎖
玉ねぎ――1/2個（100g）
生姜――1片
水菜――少量

つくり方

一、銀だらは表面の水分をふきとり、白こしょうを全体に振っておく。
二、玉ねぎは薄くスライスする。
三、小鍋にホエイあっさり出汁を入れ、中火にかける。沸々としてきたら、一と二を加え、クッキングシートで落とし蓋をして、蓋をする。
四、中火よりやや弱火で3分ほど煮てから火を止め、そのまま味を含ませる。
五、器に盛り、水菜とおろした生姜を添える。

さんまのごま焼きおろしだれ

材料（2人分）

さんま――2尾
牛乳――大さじ2
A ┌白ごま――大さじ1 1/2
　 │黒ごま――小さじ1
　 └片栗粉――大さじ1/2
れんこん――100g
サラダ油――適量
大根――5cm
ホエイあっさり出汁――65mℓ

つくり方

一、さんまは半分に切り、内臓をとりのぞいて水で洗い、水気をよくふきとる。
二、一の全体に牛乳をかけて、合わせておいたAを両面にしっかりまぶしておく。
三、れんこんは皮つきで5mmの輪切りにする。
四、フライパンにサラダ油を熱して、さんまとれんこんを揚げ焼きにする。
五、お皿に盛り、大根をおろして添え、ホエイあっさり出汁をかける。

・鮭でもおいしくつくれます。
・Aにすりおろしたビーツを少量混ぜれば、彩りのよいおろしに。

えびのしそ巻き天ぷら

材料（2人分）

ブラックタイガー——6尾
白こしょう——少量
青じそ——6枚
A
小麦粉——1/2カップ（50g）
水——1/4カップ
牛乳——1/4カップ
サラダ油——適量
レモン——適宜

つくり方

一、えびは背ワタをとり、尾を残して殻をむく。
二、全体に白こしょうを振り青じそを巻く。
三、表面の水分をふきとり、小麦粉（分量外）をうっすら全体にまぶしておく。
四、Aの材料は計量後、冷蔵庫で冷やしておく。
五、ボウルに氷水をあて、小麦粉、水、牛乳の順に加えて箸でダマが残るくらいに混ぜる。
六、素材を衣にくぐらせ、170度に熱したサラダ油で揚げる。
七、お皿に盛り、レモンを添える。

- 衣の温度が上がる（5度以上になる）と粉に粘りが出てカラッと揚がらなくなります。
- 衣が残ったら青のりを混ぜ、季節の野菜やちくわ等お好みのものを揚げてください。

鶏の照り焼き

材料（2人分）

鶏もも肉――1枚（250g）
小麦粉――適量
サラダ油――小さじ2
A
ホエイ濃い出汁――50ml
めんつゆ（3倍濃縮）――大さじ1/2
砂糖――大さじ1/2

つくり方

一、鶏肉は1枚を半分に切り、筋を切る。表面の水分をふきとり、小麦粉をまぶしておく。
二、フライパンにサラダ油を熱し、鶏肉を皮から入れて中火でじっくり焼く。
三、こんがり焼けたら裏返し、八分ほど火が通ったら、合わせたおいたAを加えて煮からめる。

・ブリでもおいしくつくれます。

煮豚

材料（2人分）

豚肩ロース肉――250g
サラダ油――小さじ1
赤唐辛子――1/2本（種をのぞく）
A［ホエイ濃い出汁――100㎖
　めんつゆ（3倍濃縮）――大さじ1
ゆで卵――2個
粒マスタード――適量

つくり方

一、豚肉は半分に切り、竹串で全体に穴をあけておく。
二、フライパンにサラダ油と赤唐辛子を熱し、豚肉の表面を5分ほどかけて、中火で表面に焦げ目がつくまで焼く。
三、小鍋にAを合わせ、沸々としてきたら表面の油をふきとった豚肉と殻をむいたゆで卵を加え、落とし蓋をして、蓋をし弱火で20～30分ほど煮る。
四、肉に竹串を刺して、透明の汁が上がってきたら火を止め、そのまま冷まして味を含ませる。

・豚肉全体が煮汁に浸かるサイズの鍋を使用してください。浸からないときは、ゆで卵を増やしてかさ増ししてもOK。おいしいホエイ煮卵ができます。
・Aをホエイあっさり出汁とポン酢しょうゆにかえれば、あっさりとした煮豚に。
・ミルク塩麹に一晩漬けた豚肩ロースをオーブンで低温（120度）で焼いても美味。漬け込みの分量は豚肉250gに対して、塩麹、牛乳が各小さじ2です。

からあげ

材料（2人分）

鶏もも肉――1枚（250g）
A［ホエイあっさり出汁――50㎖
　おろしにんにく――1片分
片栗粉――適量
サラダ油――適量
ミニトマト――適量

つくり方

一、鶏肉は筋を切りひと口大にカットし、脂をとりのぞき、表面の水分をふきとりAに半日以上漬け込む。
二、一の表面に片栗粉をまぶし、170度に熱したサラダ油でこんがり揚げる。
三、お皿に盛り、ミニトマトを添える。

■ホエイのストックがないときは、牛乳と塩麹を合わせて、半日以上、漬け込んでください。分量は、鶏肉250gに対して、牛乳と塩麹が各小さじ2です。

ひと口とんかつ

材料（2人分）

豚ヒレ肉――――250g
白こしょう――――適量
A
┌小麦粉――――30g（約大さじ3）
└牛乳――――30g（約大さじ2）
パン粉――――適量
サラダ油――――適量
B
┌中濃ソース――――大さじ1
└レモン汁――――大さじ1
キャベツ――――2枚

つくり方

一、豚肉は1cmの厚さに切り、表面を叩いて広げ、全体に白こしょうを振り、表面にうっすら小麦粉（分量外）をまぶしておく。
二、合わせておいたAに一をくぐらせて、パン粉を表面に手で押さえるようにしてしっかりつける。
三、少なめのサラダ油を170度に熱して、こんがり揚げる。
四、Bを合わせてソースをつくっておく。
五、お皿に盛り、千切りにしたキャベツとレモン（分量外）を添えて、ソースをかける。

- Aを合わせたときの濃度はどろっとするくらいを目安に。濃度が薄いとパン粉をつけて揚げたとき、衣がすべてはがれてしまいます。
- 油に入れてすぐは、衣がはがれやすいので、さわらないように。衣がある程度揚がったら、ひっくり返します。

フライパンすき焼き

材料（2人分）

牛脂——適量
ホエイ——200g
長ねぎ——1/2本
ホエイ濃い出汁——250mℓ
春菊——1/3束（50g）
えのき——1/3束（50g）
焼き豆腐——1/3丁（100g）
卵——2個

つくり方

一、長ねぎは斜め切りにして、春菊は半分、えのきは軸を落とし、豆腐は1cmの厚さに切る。
二、フライパンを温め、牛脂を溶かして鍋全体にまわし、牛肉と長ねぎを焼く。
三、ホエイ濃い出汁を加え、煮立ったら二に残りの野菜と焼き豆腐を加えて煮る。
四、野菜に火が通ったら完成。溶き卵をつけていただく。

▪ホエイ濃い出汁は昆布出汁で割れば、しゃぶしゃぶや湯豆腐の出汁、寄せ鍋の鍋つゆとしても重宝します。

【副菜・汁物】

日本には四季があります。
季節ごとにあらわれる旬の食材を
とりいれるのも和食の特徴です。
旬の食材は栄養を豊富に含み、
甘みや旨みも持っているので、
調味料を減らすことにもつながります。
食で季節を感じることは、
日本人にとって大切なこと。
副菜や汁物は季節に合わせた食材を選んで、
その旬ごとのアレンジも楽しめます。
和食では一汁三菜が基本でしたが、
時代の流れとともに、それも変化してきました。
汁物をひとつ入れるだけでも
栄養バランスは整います。主菜のほかに
もう一品、食卓に並べてみてください。

肉じゃが

切干し大根の煮物

高野豆腐の煮物
肉ごぼう炒め
かぼちゃの
そぼろ煮

肉じゃが

材料（2人分）

じゃが芋――150g
にんじん――50g
玉ねぎ――100g
豚バラ薄切り肉――100g
A
┌牛乳――200㎖
└めんつゆ（3倍濃縮）――大さじ1
さやいんげん――3本

つくり方

一、じゃが芋は6等分、にんじんは乱切り、玉ねぎはくし切り、豚肉は3㎝幅に切る。
二、鍋に一とAを入れ、クッキングシートで落とし蓋をする。沸々と煮立つまで強火、煮立ったら中火で10分ほど煮る。
三、じゃが芋が八分ほど柔らかくなったら落とし蓋を外し、じゃが芋を崩さないように注意しながらヘラで底を混ぜる。水分が少なくなったら火を止める。

▪レシピの倍量以上でつくったときの牛乳の量はひたひたくらい（300㎖程度）です。

切干し大根の煮物

材料（2人分）

切干し大根――30g※乾燥時の量
さつま揚げ――2枚
A
┌牛乳――100㎖
│水――100㎖
└めんつゆ（3倍濃縮）――大さじ1

つくり方

一、切干し大根はぬるま湯で戻して、水気を絞り、5㎝の長さに切る。さつま揚げは短冊に切る。
二、鍋にAを合わせ、沸々としてきたら切干し大根とさつま揚げを加え、クッキングシートで落とし蓋をする。
三、汁が少なくなるまで、中火よりやや弱火で煮含める。

高野豆腐の煮物

材料（2人分）
高野豆腐———2枚
A
牛乳———200㎖
しょうゆ———小さじ2
砂糖———小さじ2

つくり方
一、高野豆腐はさっと洗って水気を絞り、1枚を4等分に切る。
二、鍋にAをすべて合わせる。
三、クッキングシートで落とし蓋をする。沸々と煮立つまで強火、煮立ったら中火で7〜8分ほど煮る。
四、火を止めて、そのまま味を含ませる。
五、器に盛り、お好みでわさび（分量外）をのせる。

▪彩りに、ゆでたほうれん草や花にんじんなどを添えてください。

肉ごぼう炒め

材料（2人分）
サラダ油———小さじ2
牛こま切れ肉———100g
ごぼう———1/4本（50g）
A
ホエイ濃い出汁———60㎖
ホエイ———40㎖

つくり方
一、ごぼうは斜め薄切りにして水にさらす。
二、フライパンにサラダ油を熱し、牛肉を加え全体にほぐしながら中火で炒め、ごぼうを加えてさらに炒める。
三、二に合わせておいたAを加え、クッキングシートで落とし蓋をする。ごぼうが柔らかくなり、煮汁がほとんどなくなるまで炒め煮にする。

▪仕上げにお好みで七味唐辛子をかけてください。

▪牛乳でつくる場合、Aの配合は牛乳100㎖・めんつゆ（3倍濃縮）大さじ1になります。

かぼちゃのそぼろ煮

材料（2人分）
かぼちゃ———200g
鶏ももひき肉———75g
A
牛乳———200㎖
めんつゆ（3倍濃縮）———大さじ1

つくり方
一、かぼちゃは種とわたをのぞき、2cm角に切る。
二、鍋にかぼちゃとAをすべて加えて、ひき肉をほぐす。
三、クッキングシートで落とし蓋をする。沸々と煮立つまで強火、煮立ったら中火で10分ほど煮る。
四、かぼちゃが八分ほど柔らかくなったら落とし蓋を外し、水分が少なくなったら火を止める。

▪レシピの倍量以上でつくったときの牛乳の量はひたひたくらい（300㎖程度）です。

茶碗蒸し

ほうれん草と厚揚げの煮浸し

卵の花
ポテトサラダ
揚げ出し豆腐

茶碗蒸し

材料（2人分）

卵――1個
牛乳――180㎖
めんつゆ（3倍濃縮）――大さじ1
A
しいたけ――小2個
三つ葉――4本
かまぼこ――2切れ

つくり方

一、卵を溶き、牛乳を少しずつ加えたら、めんつゆを入れる。
二、しいたけは表面に切り込みを入れ、三つ葉は3㎝長さに切る。
三、Aを茶碗蒸しの器に入れて一を注ぎ、1個ずつラップをする。
四、深めのフライパンに約3㎝の高さまで水を入れ、沸騰したら三を入れて蓋をする。強火で2〜3分、卵液が白っぽくなり表面が固まるまで、その後とろ火で7〜8分加熱する。

▪Mサイズの卵を使用する際は固まりが弱くなるので、牛乳の量を150㎖に減らしてください。

ほうれん草と厚揚げの煮浸し

材料（2人分）

ほうれん草――1/2袋（100g）
厚揚げ――1/4枚（50g）
A
ホエイ濃い出汁――40㎖
めんつゆ（3倍濃縮）――小さじ1
白すりごま――大さじ1

つくり方

一、ほうれん草はさっとゆで、水分を絞って3㎝の長さに切る。厚揚げは6枚の短冊切りにして、クッキングペーパーで包んで油を切る。
二、小鍋にAを合わせ、沸々してきたら一を加え、クッキングシートで落とし蓋をする。さっと煮てから火を止め、そのまま冷まして味を含ませる。
三、すりごまをからめる。

卯の花

材料（4人分）

牛乳———150㎖
和風だしの素（顆粒）———小さじ1
干ししいたけ（カット）———5g
サラダ油———小さじ2
生姜———1片（15g）
A
にんじん———1/3本（40g）
ねぎ———1/3本（30g）
油揚げ———1枚（20g）
おから———150g

つくり方

一、牛乳に干ししいたけを入れて戻し、和風だしの素を合わせておく。
二、生姜とにんじん、油揚げ（油をペーパーでふいておく）は千切りにして、ねぎは小口切りにする。
三、鍋にサラダ油と生姜を熱し、香りが出てきたらAを加えて炒める。
四、おからを加えて、ぱらっとするまで炒めたら一を加え、ヘラで混ぜながら、中火で煮る。
五、塩（分量外）で味を調える。

揚げ出し豆腐

材料（2人分）

絹ごし豆腐———1丁（300g）
片栗粉———適量
サラダ油———適量
A
ホエイ濃い出汁———100㎖
ホエイ———100㎖
片栗粉———大さじ1
生姜———1片

つくり方

一、豆腐は重石をしてしっかり水切りをする。
二、一を食べやすい大きさに切り、片栗粉を二度づけして少なめのサラダ油で揚げ焼きにする。
三、小鍋にAを合わせる。ヘラで底を混ぜながらとろみがつくまで中火で加熱して、あんをつくる。
四、器に二を盛り、三をかけたら、おろした生姜を添える。

▪厚揚げなら、あんをかけるだけで簡単！

ポテトサラダ

材料（2人分）

A
じゃが芋———2個（250g）
にんじん———1/2本（60g）
牛乳———200㎖
（ひたひたになる程度）
すし酢———大さじ1
きゅうり———1/3本（50g）

つくり方

一、じゃが芋は2㎝角に切って水にさらし、にんじんはいちょう切り、きゅうりは輪切りにする。
二、フライパンにAを合わせ、クッキングシートで落とし蓋をする。ヘラで底を混ぜながら沸々と煮立つ程度の火加減で10分煮る。
三、じゃが芋が柔らかくなったら、落とし蓋をとり、火を強め底を混ぜながら水分を飛ばす。火からおろし、熱いうちにすし酢を加えて和える。
四、水気を絞ったきゅうりを混ぜる。

▪すし酢は、大さじ1を目安にお好みで。

お刺身の梅だれサラダ

赤玉ねぎのピクルス

丸干しの南蛮漬け

わかめときゅうりの酢の物

白菜の浅漬け

赤玉ねぎのピクルス

材料（2人分）

赤玉ねぎ――1個（150g）
塩――小さじ1/5
ホエイ甘酢出汁――80㎖

つくり方

一、赤玉ねぎは縦半分に切り、繊維を断ち切る方向にできるだけ薄くスライスする。
二、一を塩もみして5分おいたら、水洗いをしてアクをのぞきしっかり絞る。
三、加熱したホエイ甘酢出汁をかけて、そのまま味を含ませる。
四、冷蔵庫で冷やす。

お刺身の梅だれサラダ

材料（2人分）

刺し身――1パック
（まぐろ・鯛・いかなどの盛り合わせ）
ブロッコリースプラウト――適量

A
ホエイ濃い出汁――40㎖
ホエイ――10㎖
梅干し（低塩タイプ）――1個
ごま油――小さじ2

つくり方

一、梅干しは種をとって包丁で叩き、Aのほかの材料と合わせる。
二、一と和えたブロッコリースプラウトをお皿に敷いて、刺身を盛りつけ、残った一をかける。

丸干しの南蛮漬け

材料（2人分）

ししゃも――6尾
小麦粉――小さじ2
ごま油――小さじ2
玉ねぎ――1／4個（40g）
セロリ――1／4本（30g）
黄色ピーマン――1／4個（35g）
A［ホエイ甘酢出汁――80㎖
　砂糖――小さじ1

つくり方

一、玉ねぎ、セロリ、黄色ピーマンはできるだけ薄くスライスする。
二、フライパンにごま油を熱し、小麦粉をうっすらまぶしたししゃもの表面を焼き、空いたスペースで一を炒める。
三、合わせておいたAを加えて、ひと煮立ちさせてから冷ます。

わかめときゅうりの酢の物

材料（2人分）

A［ホエイ甘酢出汁――80㎖
　ホエイ――20㎖
わかめ（乾燥）――4g
きゅうり――1／3本（50g）
生姜――大1片（25g）

つくり方

一、わかめはさっと洗い、しっかり水分を切る。きゅうりは薄い輪切り、生姜は千切りにする。
二、チャック付きの袋にAを合わせ、一を加える。わかめが完全に戻るまで、1時間以上漬け込む。

- 生わかめを使用するときは70gをAに漬け込んでください。この場合、合わせるホエイの量は50㎖です。

白菜の浅漬け

材料（2人分）

白菜――100g
塩――小さじ1／5
A［ホエイ――大さじ1
　白だし――小さじ2
　赤唐辛子――1／2本

つくり方

一、白菜は葉の部分を手でちぎり、軸の部分は3㎜幅の千切りにする。
二、赤唐辛子は種をのぞいておく。
三、白菜は塩もみをして、5分おいたら水洗いをしてアクをのぞきしっかり絞る。
四、チャック付きの袋にAを合わせ、三を加える。1時間以上漬け込む。

- 刻んだ出汁昆布を加えると、さらに旨みがアップします。
- 彩りに、千切りにしたにんじんを加えても◎。
- レシピでは小さじ1あたり塩分0・5gの白だしを使用しています。

ピーナッツ豆腐

なすの炒め煮

厚揚げの甘辛ごま焼き

オクラの焼き浸し

肉そぼろ

ピーナッツ豆腐

材料（2人分）

片栗粉——20g
牛乳——200ml
ピーナッツバター（無糖）——30g
生姜——1/2片
A
しょうゆ——小さじ1
水——小さじ1
砂糖——小さじ1/2

つくり方

一、小鍋に片栗粉を入れて、牛乳を加えてしっかり溶き、ピーナッツバターを加えて混ぜる。
二、ヘラで底を混ぜながら中火にかけ、粘りが出てひとまとまりになったら弱火にして5分練る。
三、水をくぐらせたバットに二を流し込み、表面に1cmほど水をはり、冷蔵庫で冷やし固める。
四、切り分けて器に盛り、おろした生姜を添えて、合わせておいたAをかける。

▪ピーナッツバターのかわりに、枝豆のペーストやかぼちゃの煮物を潰して加えれば色鮮やかに。練りごまをピーナッツバターと同量加えれば、ごま豆腐に。

なすの炒め煮

材料（2人分）

ごま油——小さじ2
赤唐辛子——1/2本
なす——2本（250g）
A
ホエイあっさり出汁——40ml
ポン酢しょうゆ——小さじ1
砂糖——小さじ1

つくり方

一、赤唐辛子は種をのぞき輪切りにし、なすは縦半分に切ってから斜めに切る。
二、フライパンにごま油と唐辛子を熱し、なすを加えて表面を焼くようにして、中火で炒める。
三、7分ほど火が通り、量がはじめの1/5になったら、合わせておいたAを加えて水分が少なくなるまで炒める。

▪細かく鹿の子に切り込みを入れたこんにゃくでつくってもおいしいです。

厚揚げの甘辛ごま焼き

材料（2人分）

ごま油――小さじ1
厚揚げ――1枚（250g）
A ┌牛乳――大さじ1
　│味噌――大さじ1
　│みりん――大さじ1
　└白すりごま――大さじ1
小ねぎ――1本

つくり方

一、厚揚げは表面の油をキッチンペーパーでふきとり、短冊に切る。
二、フライパンにごま油を熱し、厚揚げの表面を焼く。合わせておいたAを加え、弱火で煮からめる。
三、器に盛り、小口切りにしたねぎを散らす。

▪厚揚げを焼くときに、赤唐辛子または豆板醤を加えると辛味が増します。七味唐辛子をかけても。

オクラの焼き浸し

材料（2人分）

オクラ――6本
サラダ油――小さじ1
A ┌ホエイあっさり出汁――30mℓ
　└ホエイ――10mℓ
かつお節――適量

つくり方

一、オクラは縦半分に切る。
二、フライパンにサラダ油を熱して一の表面を焼き、合わせておいたAを加えて火を止める。
三、器に盛り、かつお節をかける。

肉そぼろ

材料（4人分）

サラダ油――小さじ1 1/2
にんにく――1片
生姜――1片
豚ひき肉――150g
A ┌牛乳――大さじ1
　│味噌――大さじ1
　└みりん――大さじ1

つくり方

一、にんにくと生姜はみじん切りにする。
二、小鍋にサラダ油と一を同時に入れて、弱火でじっくり炒める。
三、二にひき肉と、合わせておいたAを加えて炒めながら、そぼろ状になるまで炒め煮にする。

▪玉ねぎのみじん切り1/4個分加えてもおいしいです。その場合は、にんにくと生姜を炒めた後に加えてじっくり炒め、甘みを出してください。

春菊とクルミの白和え

春雨サラダ

魚のチーズ焼き

がんもどき

つくね

春菊とクルミの白和え

材料（2人分）

春菊――100g
A
クルミ――10g
カッテージチーズ――50g
めんつゆ（3倍濃縮）――小さじ1

つくり方

一、春菊はゆでて3cmの長さに切り、絞って水気を切り、めんつゆ小さじ1/2（分量外）を同量の水で割ってからめておく。
二、クルミはフライパンで炒って細かく刻む。
三、食べる直前に一を合わせておいたAで和える。

▪クルミのかわりに刻みピーナッツやすりごまを加えても美味。

春雨サラダ

材料（2人分）

カッテージチーズ――50g
A
春雨――35g
さやいんげん――2本
ミニトマト――4個
B
ホエイあっさり出汁――20mℓ
ポン酢しょうゆ――小さじ2
ごま油――小さじ1

つくり方

一、春雨といんげんはゆでる。春雨は5cmの長さに切り、いんげんは斜め切りにし水分を切る。ミニトマトは4等分にくし切りにする。
二、Bを合わせておく。
三、ボウルにAを入れて、二を加えて和える。

▪刻んだカシューナッツをアクセントに加えても美味。

魚のチーズ焼き

材料（2人分）

生鮭――2切れ
白こしょう――適量
料理酒――大さじ1
A
カッテージチーズ――50g
にんにく――1/2片
細ねぎ――3本
マヨネーズ――大さじ2
白ごま――小さじ2

つくり方

一、鮭は半分に切り、全体に白こしょうを振って、酒をかけておく。
二、にんにくはすりおろし、細ねぎは小口切りにする。Aを合わせる。
三、トースターかグリルで鮭を焼き、半分ほど火が通ったら二をのせて、焦げ目がつくまで焼く。

▪下味に酒を使うときは塩を少々振ってください。
▪刻んだらっきょうを入れると味のアクセントに。

がんもどき

材料（4人分）

カッテージチーズ——150g
卵——1個
A
- ねぎ——1/4本（30g）
- しいたけ——2枚（40g）
- 黒ごま——大さじ1
- 片栗粉——大さじ1（7g）～大さじ2（14g）
- 塩——小さじ1/10

サラダ油——適量
B
- ホエイあっさり出汁——30㎖
- ホエイ——20㎖
- 片栗粉——小さじ1/3

つくり方

一、ねぎは小口切り、しいたけは軸の部分も一緒に薄くスライスした後、1㎝角に切る。
二、Aの材料をチーズから順に加えて混ぜ、片栗粉でかたさを調節し、塩で味を調え、4等分の小判型にする。
三、フライパンに1㎝ほどサラダ油を敷き、中火にかける。
四、170度になったら、がんもどきを入れ、表面がしっかり固まったら裏返し、火力を弱め、ときどきひっくり返しながら160度で5分ほどかけ火を通す。
五、小鍋にBを合わせ、とろみがつくまで底を混ぜながら加熱する。
六、五をがんもどきにかける。

▪たれを少量つくる場合、電子レンジを利用すると手軽につくれます。

↓すべての材料を合わせて片栗粉をしっかり溶く。ラップをふんわりかけ、600W30秒～様子を見ながら調節する。

▪ケチャップとホエイを1：1で合わせたたれは子どもにもおすすめです。

つくね

材料（2人分）

鶏ももひき肉——150g
カッテージチーズ——75g
A
- 料理酒——大さじ1
- 中華スープの素——小さじ1/3
- 片栗粉——大さじ1 1/2

ごま油——小さじ2
B
- ホエイ濃い出汁——40㎖
- めんつゆ（3倍濃縮）——小さじ1
- 砂糖——小さじ1

つくり方

一、Aをすべて合わせてよく練ったら、10等分にして丸める。
二、フライパンにごま油を熱し、中火で両面焼き、蓋をして中まで火を通す。
三、フライパンの余分な油をふきとり、合わせておいたBを加えて中火で煮からめる。

しじみ汁・あさり汁

だんご汁
かきたま汁
豚汁

しじみ汁・あさり汁

材料（2人分）

しじみ――100g（砂抜きしたもの）
酒――大さじ1
水――250ml
A［牛乳――大さじ1
　 味噌――大さじ1

あさり――100g（砂抜きしたもの）

つくり方

一、鍋でしじみを炒め、酒を加えて蓋をして酒蒸しにする。
二、一に水を加えて火にかけ、アクをとりながらゆっくり加熱する。
三、火を止め、合わせておいたAを加える。

▪同様のつくり方で、あさり汁もつくれます。
▪お好みで季節の青菜やねぎを加えても◎。

だんご汁

材料（2人分）

- 小麦粉――50g
- 青のり――小さじ1
- 塩――少量
- 牛乳――50㎖
- かつお出汁――450㎖
- 玉ねぎ――1/2個（90g）
- にんじん――1/3本（50g）
- 油揚げ――1/3枚（30g）
- めんつゆ（3倍濃縮）――小さじ2

つくり方

一、小麦粉に青のり、塩を混ぜ、牛乳を加えてダマがなくなるまで混ぜる。
二、玉ねぎ、にんじん、油揚げ（クッキングペーパーで包んで油を吸わせてふきとる）は千切りにする。
三、鍋でかつお出汁を熱し、沸々してきたら一をスプーンで加え、透き通るまで中火で煮る。
四、二を加えてさっと煮て、めんつゆで味を調える。

かきたま汁

材料（2人分）

- 水――350㎖
- 片栗粉――小さじ1
- 和風だしの素――小さじ1
- 三つ葉――1/2束
- A
  - 卵――1個
  - 牛乳――大さじ1
  - 片栗粉――小さじ2
  - めんつゆ――小さじ1

つくり方

一、三つ葉は3㎝幅に切る。
二、溶き卵に、牛乳で溶いた片栗粉とめんつゆを合わせておく。
三、鍋に水と片栗粉、だしの素を加える。沸々してきたら二を全体にまわしかけ、半熟状になったら火を止めて蓋をする。
四、お椀に三つ葉を入れておき、熱々の汁を注ぐ。

▪仕上げにお好みで生姜の絞り汁を加えても◎。

豚汁

材料（2人分）

- A
  - 水――200㎖
  - ホエイ――200㎖
- 豚バラ薄切り肉――100g
- かぼちゃ――70g
- ごぼう――75g
- 里芋――2個（100g）
- 白ねぎ――1/4本（30g）
- しめじ――1/2パック（75g）
- 味噌――大さじ1強
- 七味唐辛子――適宜

つくり方

一、豚肉は3㎝幅に、野菜は食べやすい大きさに切る。しめじは小房にほぐす。
二、鍋にAを合わせ、沸々してきたら一を加えて、アクをとりながら野菜が柔らかくなるまで煮る。
三、火を止めて味噌を溶く。七味唐辛子を振る。

▪Aをかつお出汁300㎖で煮て、牛乳と味噌（各大さじ1）を加えても◎。

【デザート】

食事のしめに、または休日の午後に
ひと息入れるのにぴったりの、
かわいらしいデザートを5品、用意しました。
牛乳の甘みと旨みのおかげで、砂糖は控えめながら
やさしい甘さとどこか懐かしさの漂う味わいです。
甘いものを囲んで、家族と友人と
ゆったりと語らいのひとときを。
和食にちょっとだけ変化を加えて進化させた、
ヘルシーな乳和食。自分のため、家族のために、
みなさんが少しずつ乳和食を受け入れてくれますように。

みかん白玉

ブルーベリー寒天

抹茶カスタード
わらび餅
どら焼き

みかん白玉

材料（2人分）

A
白玉粉——100g
砂糖——大さじ1
ホエイ——40㎖
みかん（缶詰）——10粒（75g）
加糖練乳——適量

つくり方

一、白玉粉は細かく砕いておく。
二、ボウルにAをすべて合わせる。みかんを潰しながら白玉粉と合わせ、耳たぶくらいのかたさになるまでよく練る。
三、二を棒状に伸ばし、10等分にして丸める。
四、鍋にお湯を沸かして、三をゆでる。浮いてきたら1〜2分後にとり出して、冷水にさらし器に盛る。
五、練乳をかける。

- 牛乳でつくるときは、ホエイを牛乳にかえてください。
- 生地が柔らかくなりすぎたときは片栗粉を混ぜて調節してください。

ブルーベリー寒天

材料（つくりやすい分量・4人分）

ホエイ——500㎖
粉寒天——4g
はちみつ——大さじ6
ブルーベリージャム——大さじ6

つくり方

一、小鍋に半量のホエイと粉寒天を入れて溶かす。
二、中火にかけて、1分ほど沸々とさせて火を止め、残りのホエイとはちみつ、ブルーベリージャムを混ぜる。
三、水をくぐらせたバットに流し、冷蔵庫で冷やし固める。

わらび餅

材料（2人分）

A
ホエイ——200㎖
片栗粉——30g
砂糖——大さじ2

B
きな粉——大さじ1
砂糖——大さじ1/2

つくり方

一、鍋にAの材料をすべて合わせ、片栗粉をしっかり溶かしておく。
二、中火で底を混ぜながら加熱し、透き通ってもっちりするまで練り上げる。
三、二が熱いうちに、水にくぐらせたスプーンですくって器に盛り、合わせておいたBをかける。

- 牛乳でつくるときは、ホエイを牛乳にかえてください。

抹茶カスタード

材料（つくりやすい分量・4人分）

卵——1個

A
- 砂糖——大さじ5
- 抹茶——小さじ1/2
- 小麦粉——大さじ2

ホエイ——200ml

甘納豆——適量

つくり方

一、小鍋にAを合わせておく。ここにホエイ50mlを加えて溶く。卵を加えて泡立て器でなじませ、残りのホエイをすべて加えて混ぜる。

二、ダマがなくなるまで混ざったら、鍋を中火にかけ、底を絶えず混ぜながらとろみがつくまで中火で5分ほど加熱する。

三、粗熱がとれたら器に盛り、甘納豆をかける。

▪牛乳でつくるときは、ホエイを牛乳にかえてください。

どら焼き

材料（つくりやすい分量・6個分）

- ホットケーキミックス——150g
- ホエイ——150ml
- 卵——1個

- 白花豆の煮物（加糖）——150g
- 加糖練乳——大さじ1弱

- 干しあんず——6個
- ホエイ——大さじ1

つくり方

一、干しあんずはホエイに漬けて戻しておく。

二、白花豆はポリ袋に入れて、練乳を加える。手でペースト状に潰し、餡にする。

三、ボウルにホットケーキミックスを入れてホエイで溶き、卵を混ぜ合わせる。

四、フライパンを中火で熱し、サラダ油（分量外）を含ませたペーパーでふく。三をフライパン全体に流し入れ、蓋をして弱火にする。表面に小さな穴があきはじめたら、ひっくり返す。

五、焼き上がったどら焼きの皮を巻きすにのせ、中心より手前に二を絞り出し、あんずを並べて手前からしっかり巻く。全体をラップで包み、冷蔵庫で休ませる。

六、ラップの上から6等分に切る。

▪牛乳でつくるときはホエイを牛乳にかえてください。

▪ドライフルーツをホエイで戻すとふっくらして、食べやすくなります。

乳和食の献立アイデア

これまで乳和食を伝えてきた中で、多く寄せられたのが「献立例が欲しい」という声でした。そこで、本書で紹介したレシピを組み合わせた献立のアイデアを掲げます。すべてを乳和食にしなくても、どれか一品だけでもかまいません。好きなペースで、好きな料理で、乳和食をとりいれてみてください。

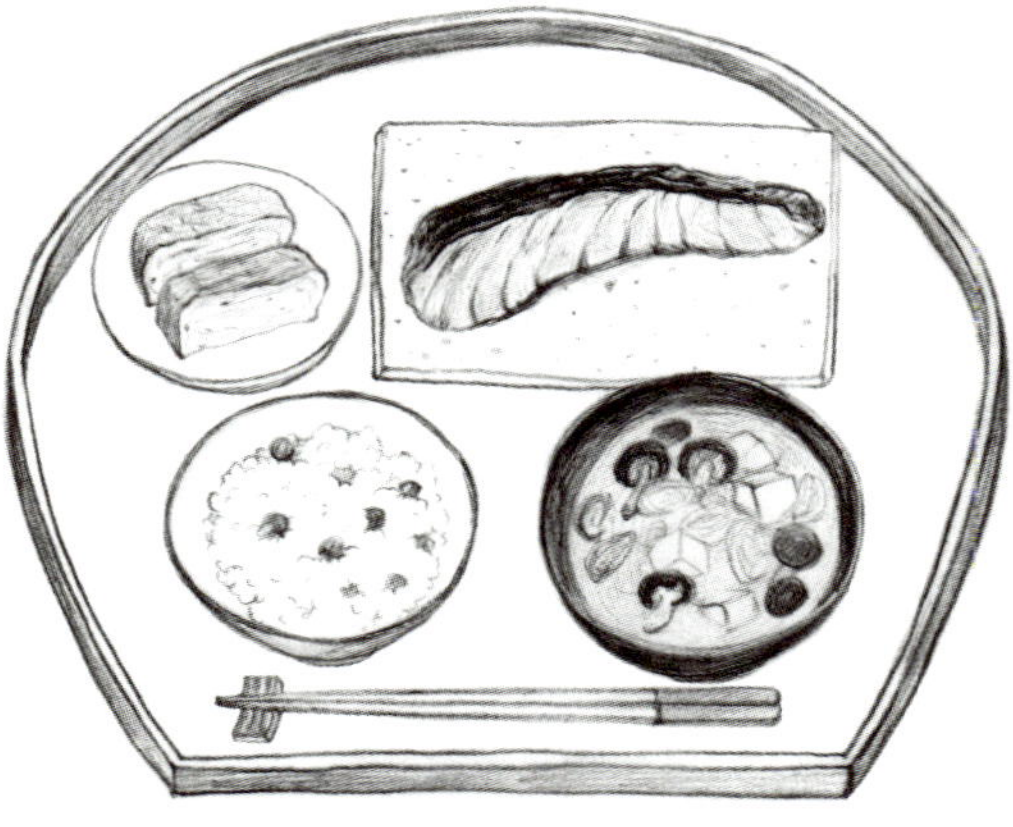

主食 ごはん 38
主菜 鯖の味噌煮 31
副菜 ほうれん草と厚揚げの煮浸し 94
汁物 かきたま汁 111

主食 豆ごはん 52
主菜 ひと口とんかつ 82
副菜 切干し大根の煮物 90
汁物 あさり汁 110

主食 豆ごはん 52
主菜 鮭の塩麹焼き 42
副菜 出汁巻き卵 44
汁物 味噌汁 40

主食 ごはん 38
主菜 銀だらのポン酢煮 70
副菜 ポテトサラダ 95
汁物 味噌汁 40

主食 ごはん 38
主菜 煮豚 78
副菜 卯の花 95
汁物 味噌汁 40

主食 豆ごはん 52
主菜 鶏の照り焼き 76
副菜 オクラの焼き浸し 103
汁物 あさり汁 110

主食 そば（そうめん） 66
主菜 えびのしそ巻き天ぷら 75
副菜 春菊とクルミの白和え 106
汁物 あさり汁 110

主食 ごはん 38
主菜 さんまのごま焼きおろしだれ 72
副菜 肉そぼろ 103
汁物 かきたま汁 111

主食 ごはん 38
主菜 からあげ 81
副菜 春雨サラダ 106
汁物 味噌汁 40

主食 焼きタラコのちらし寿司 60
副菜 揚げ出し豆腐 95
副菜 白菜の浅漬け 99
汁物 味噌汁 40

主食 ごはん 38
主菜 フライパンすき焼き 84
副菜 白菜の浅漬け 99
汁物 しじみ汁 110

主食 おかゆ 65
主菜 鮭の塩麹焼き 42
副菜 なすの炒め煮 102

主食 さつま芋の黒ごまおこわ 58
主菜 鮭の塩麹焼き 42
副菜 高野豆腐の煮物 91
汁物 豚汁 111

主食 冷や汁 63
主菜 肉ごぼう炒め 91
副菜 出汁巻き卵 44

主食 タコ飯 57
副菜 つくね 107
副菜 ほうれん草と厚揚げの煮浸し 94
汁物 しじみ汁 110

主食 親子丼 34
副菜 オクラの焼き浸し 103
汁物 しじみ汁 110

もっと知りたい牛乳のこと

とても身近な食品なのに、くわしいことは意外と知られていない牛乳。どんな栄養を含んでいるのか、おいしさの秘密はなにか、これから乳和食をはじめる方に向けて、牛乳の基礎知識をまとめました。さらに、最近の研究で明らかになってきた暮らしに役立つ牛乳と健康に関する情報も紹介しています。興味のある方は読んでみてください。

資料提供／一般社団法人Ｊミルク

1　牛乳の基礎知識

【牛乳とは】

牛乳とは、牛から搾ったままの生乳（せいにゅう）を加熱殺菌したもので、乳脂肪分3％以上、乳脂肪以外の栄養成分が含まれる無脂乳固形分8％以上のものをいいます。

【牛乳の種類】

牛乳は、使用原材料や成分規格などによって「種類別」に分類されます。

・成分無調整牛乳：生乳100％で、加熱による殺菌処理のみで、成分をまったく調整していないもの。乳和食で使用する牛乳です。

・成分調整牛乳：生乳から乳脂肪分、水分、ミネラルなどの一部を除去し、成分を調整したもの。

・低脂肪牛乳：成分調整牛乳のうち、乳脂肪分を0・5％～1・5％にしたもの。

・無脂肪牛乳：成分調整牛乳のうち、乳脂肪分を0・5％未満にしたもの。

・加工乳：生乳または脱脂粉乳やバターなどの乳製品を原料に、乳成分を増やしたものや乳脂肪分を減らしたもの。

・乳飲料：生乳または乳製品を主原料に、乳製品以外のものを加えたもの。カルシウムやビタミンなどを強化したものや、コーヒー、果汁などを加えたもの。

【乳製品とは】

乳製品とは、牛乳を加工してつくられる製品の総称です。チーズ、バター、ヨーグルト、クリーム、練乳、アイスクリーム、粉乳、乳酸菌飲料などがあります。

生乳や牛乳は、加工することによって「固まる」「粉になる」など形態が変化します。また乳酸菌などを活用することで品質を高め、栄養機能性を強化することが可能です。

【日本の乳牛】

日本では、およそ134万頭の乳牛が飼育されており、その約99％は白黒模様のホルスタイン種です。原産地はオランダからドイツのホルスタイン地方。体が大きく、乳量が多いので、乳牛として世界中で最も多く飼われています。寒さに強く、暑さに弱いのが特徴。

ほかに淡い褐色で小型のジャージー種や黒褐色で大型のブラウンスイス種もいます。この2種はホルスタイン種よりも乳脂肪分が高めです。

【生乳の生産量】

日本の生乳生産量は2015年度

で741万トン。生産された生乳のうち約54%は飲用向けに、残りの約45%は加工品向けなどに利用されました。

生乳の生産量は季節により変動します。ホルスタイン種は暑さに弱いため、7~10月は生産量が下がります。日本で生産される生乳の約5割が北海道で生産されています。

【牛乳のおいしさ】

牛乳独特のまろやかな口あたりは、乳脂肪やたんぱく質により生まれます。牛乳に豊富に含まれる乳糖、乳脂肪、たんぱく質は甘みやコクを感じさせます。そのほかにも微量ですが塩味・酸味・苦味などを感じさせる成分も含まれています。

乳和食が、減塩しても薄味に感じず、「おいしい」と感じるのは、牛乳中に含まれる成分が関係していると考えられています。

【牛乳の白さ】

牛乳の主なたんぱく質であるカゼインはカゼインミセルという小さな粒子として牛乳中に分散しています。また脂肪(脂肪球)も小さな粒子として牛乳中に分散しています。これらたんぱく質の粒子や脂肪球に光があたり、乱反射するため牛乳は白濁して見えます。

乳和食の調理過程で牛乳が透明になるのは、酢を加えたり、ほかの食材と一緒に加熱したりすることでこれらが固まり、分離して透明に見えるためです。

2 牛乳の栄養

【牛乳の栄養成分】

牛乳は、カルシウムが多い食品として知られていますが、それだけではなく、子どもの成長から高齢者の健康維持まで、すべてのライフステージで欠かせない多くの栄養素を含んでいます。ただし、ビタミンCや食物繊維、鉄分はほとんど含まれていないため、ほかの食品からとることが必要です。

【コップ1杯の牛乳でとれる栄養】

成人女性の場合、1日にとりたい栄養素は、コップ1杯(200㎖)の牛乳でカルシウムは約35%、ビタミンB2やB12は約25%、たんぱく質やビタミンAとDは10%以上とることができます。

たんぱく質は、アミノ酸スコアが100に近いほど栄養価も高いのですが、「乳たんぱく」のアミノ酸スコアは100と「良質なたんぱく質」といえます。

また、牛乳は筋肉づくりや夏場の熱中症予防のための強い体づくりに必要な、糖質やたんぱく質をバランスよく含んでいます。

【乳脂肪】

牛乳に含まれる脂質のこと。牛乳中の乳脂肪は乳脂肪球膜という薄い膜で包まれた「脂肪球」という小さな粒子として浮遊しています。乳脂肪は小さな粒子のため、消化・吸収されやすいのが特徴です。

乳脂肪には、飽和脂肪酸、不飽和脂肪酸のほかに、脂溶性ビタミン（A、D、E）なども含まれています。また、飽和脂肪酸は中鎖・短鎖脂肪酸が多く含まれています。さらに、不飽和脂肪酸は、オリーブ油の主成分として知られるオレイン酸も多く占めており、ほかの食品にない特徴です。とくに中鎖・短鎖脂肪酸は体内でエネルギーとして利用され代謝されやすく、体脂肪として蓄積しにくいとされています。

3 牛乳と健康

【不足しがちなカルシウムを摂取】

牛乳にはカルシウムが豊富に含まれています。カルシウムは、丈夫な骨や歯をつくるのに欠かせないミネラルです。心臓の筋肉の収縮を調整し、神経伝達を正常に保つなどの役割もあります。

日本人の栄養調査によると、成長期の幼児期や、骨量が大きく増える骨づくりに重要な10代、人生の中で最大骨量となる20代でも、カルシウム摂取量がかなり不足していることがわかっています。


【食後血糖値の上昇を緩やかに】

GI（グリセミック・インデックス）値とは、食後の血糖値の上昇度合いを示す値で、数値が低いほうが血糖値は上昇しにくいことを示します。血糖値の乱高下は肥満や糖尿病を促進する一因になるため、血糖コントロールは大切です。

ごはんだけ食べた場合のGI値を100とした場合、ごはんと牛乳を組み合わせてとるとGI値は3割以上低くなります。低脂肪牛乳より普通の牛乳（成分無調整牛乳）のほうが、血糖値の上昇を抑えられます。


【血中コレステロール値への影響】

牛乳乳製品は、コレステロールが多いと思われがちですが、1食あたりの含有量は卵に比べて10分の1くらいと少ないのです。

ある研究では、牛乳を毎日400～600㎖飲み続けても、血清総コレステロール値にはほとんど影響しないことがわかっています。

また、20代～60代の日本人男女で非喫煙者約6500名を対象にした大規模な調査結果では、女性で牛乳乳製品の摂取量が多いグループほど、中性脂肪値が低く、HDL（善玉）コレステロール値は高く、血圧・腹囲・BMIについても、牛乳乳製品摂取量が多いほど良好であることがわかりました。

【生活習慣病の予防】

牛乳にはさまざまな生活習慣病を予防する働きが国内外の研究によって明らかにされています。

①高血圧予防

大規模調査の結果では、男性で牛乳乳製品を多くとるグループほど、最高血圧、最低血圧ともに低い傾向に。

また、別の研究では30分ほどのウォーキングを週2回以上する程度の適度な運動に、1日400㎖ほどの牛乳乳製品摂取を組み合わせると、運動するだけよりも、血圧上昇を抑えるのに有効であるということが明らかになっています。

②認知症予防

長年、地域住民を対象に生活習慣病の大規模調査を行っている福岡県・久山町の研究では、日本人に合った認知症予防の食事パターンとして、多めに摂取したほうがよい食品としては、牛乳乳製品、大豆・大豆製品、野菜、海藻類などであることがわかっています。牛乳乳製品の摂取は、とくにアルツハイマー病の予防効果が大きく、毎日100〜200㎖の牛乳を飲むことが、認知症の予防に有効であることも同研究で明らかになりました。

③脳卒中と心疾患予防

牛乳には飽和脂肪酸が含まれているので、牛乳摂取が脳卒中や虚血性心疾患などのリスクを高めるのではないかと思われてきました。しかし、近年の国内外のさまざまな研究結果を分析した結果、牛乳は脳卒中や虚血性心疾患の発症に対して影響せず、むしろやや「予防的」に働くということがわかっています。

●参考資料・データ

・一般社団法人Jミルク「牛乳乳製品の知識（改訂版）」
・農林水産省「牛乳乳製品統計」
・文部科学省「日本食品標準成分表2015年版（七訂）」
・厚生労働省「日本人の食事摂取基準（2015年版）」
・厚生労働省「平成24年 国民健康・栄養調査報告」
・一般社団法人Jミルク「牛乳・乳製品摂取と生活習慣病発症に関する最新情報」
・Sugiyama M, et al. European Journal of Clinical Nutrition, 2003
・内藤周幸ほか、平成4年度 牛乳栄養学術研究会委託研究報告書
・上西一弘ほか、日本栄養・食糧学会誌 63:151-9,2010
・Tanaka S, Uenishi K, Ishida H, et al. J Nutr Sci Vitaminol 60: 305-12, 2014
・Ozawa M, et al. Am J Clin Nutr 2013; May;97(5):1076-82.
・Qin LQ, et al. Asia Pac J Clin Nutr. 2015;24(1):90-100.
・de Goede J, et al. J Am Heart Assoc. 2016 May 20;5(5).

ブックデザイン　眞柄花穂（Yoshi-des.）
撮影　柿崎真子
スタイリング　駒井京子
イラスト　奥原しんこ
取材　望月亜希
栄養計算　鈴木玲子
料理アシスタント　亀田真澄美、中西由紀（ChefooDo）、藤瀬奈々
資料提供　一般社団法人Jミルク

小山浩子（こやま　ひろこ）
料理家・管理栄養士。
牛乳の減塩効果、和食との相性に着目し、テレビ、書籍、講演会などでその魅力を発信。2015年１月、日本高血圧協会理事に就任。健康とつくりやすさに配慮した、オリジナルレシピにファンも多い。

◎公式HP　http://koyama165.com/

やさしい、おいしい
はじめよう乳和食《にゅうわしょく》

2018年９月20日　初版発行

著　者　小山浩子
発行者　吉田啓二

発行所　株式会社日本実業出版社　東京都新宿区市谷本村町３−29　〒162−0845
大阪市北区西天満６−８−１　〒530−0047
編集部　☎03−3268−5651
営業部　☎03−3268−5161　振　替　00170−1−25349
https://www.njg.co.jp/

印刷・製本／図書印刷

この本の内容についてのお問合せは、書面かFAX（03−3268−0832）にてお願い致します。
落丁・乱丁本は、送料小社負担にて、お取り替え致します。

ISBN 978-4-534-05620-7　Printed in JAPAN